Vincent- 25-12-2012-

Origines

Collection « Sagesses de l'Humanité »
dirigée par Danielle Föllmi
Photographies d'Olivier Föllmi

Danielle & Olivier Föllmi

Origines

Textes issus de la tradition orale bambara, bantuoue bariba, bassar, bochiman, dogon, malinké, massaï, massongo, mossi, peule, sérère, swahili, xam, warega, wolof.

Chinua Achebe - Louis Armstrong - Amadou Hampâté Bâ - Cheikh Oumar Bâ - Tierno Bokar - Ken Bugul - Aimé Césaire - Bernard B. Dadié - Manthia Diawara - Manu Dibango - Irénée Guilane Dioh - Birago Diop - Bouna Boukary Diouara - Jean-Marc Éla - Françoise Héritier - Raymond Jonhson - Cheikh Hamidou Kane - Martin Luther King - Joseph Ki-Zerbo - Ahmadou Kourouma - Seydou Badian Kouyaté - Barnabé Laye - Nelson Mandela - Thurgood Marshall - Jacques Nanéma - Alassane Ndaw - Ébénézer Njoh-Mouelle - Léopold Sédar Senghor - Éfua Theodora Sutherland - Pacere F. Titinga - Aminata Traoré - Albertine Tshibilondi Ngoyi - Kwasi Wiredu

Éditions de La Martinière

« Dans la forêt quand les branches des arbres

Ce proverbe africain invite à un retour aux sources qui fécondent, qui vivifient, unifient et donnent sens à la diversité du monde.

Les branches : l'apparence, le visible, le tangible, sont les paroles de la vie. Ses « mille fleurs » sont l'humanité dans sa multitude d'individus, de races, et de groupes, la nature dans son chatoiement infini de formes et de couleurs qui dans la vitalité de leur être et paraître peuvent s'enfermer dans leur singularité, leur opposition.

Les racines : l'invisible, l'immatériel, l'indiscriminé, le silence, d'où toute chose émane et retourne. C'est dans le tronc, lieu d'interfécondation, de rencontre, que le regard et l'écoute de Danielle et Olivier Föllmi se nourrissent.

se querellent, leurs racines s'embrassent. »

Le bruit dominant veut nous faire seulement entendre les sirènes du pouvoir, de la fin de l'histoire, du matérialisme et du seul rapport de forces. C'est à cette aune-là que l'Afrique est vue et dite. Comme ses vieux sages, observateurs attentifs du visiteur colonial l'ont noté : « Le Blanc (l'Européen) ne voit que ce qu'il connaît. » Origines, en nous ramenant aux « racines qui s'embrassent » nous fait voir ce que nous ne connaissons pas, le murmure des sources profondes.

Doudou Diène
Directeur du dialogue interculturel à l'Unesco.
Rapporteur spécial des Nations unies
sur les formes contemporaines du racisme,
des discriminations raciales et des xénophobies.

ESPRITS & ANCÊTRES

HONORER SES ANCÊTRES

Avant la création du monde, avant le commencement de toute chose,
il n'y avait rien, sinon "un être".
Cet Être était un Vide sans nom et sans limite, mais c'était un Vide vivant,
couvant potentiellement en lui la somme de toutes les existences possibles.
Le Temps infini, intemporel, était la demeure de cet Être-un.

Cosmogonie mandé, par Amadou Hampâté Bâ (1900-1991)

Crépuscule sur le lac Tchad.

L'être "un" se dota de deux yeux.
Il les ferma : la nuit fut engendrée. Il les rouvrit : il en naquit le jour.
La nuit s'incarna dans la Lune. Le jour s'incarna dans le Soleil.
Le Soleil épousa la Lune. Ils procréèrent le Temps temporel divin.

Cosmogonie mandé, par Amadou Hampâté Bâ (1900-1991)

Crépuscule en Namibie.

Dans l'univers, et à tous les niveaux, tout est vibration.
Seules les différences de vitesse de ces vibrations
nous empêchent de percevoir les réalités
que nous appelons invisibles.

Tierno Bokar (1875-1939)

Les pirogues relient les villages de pêcheurs du fleuve Niger, au Mali.

Toute naissance est la renaissance d'un ancêtre.

Tradition africaine

Sieste à l'ombre d'un acacia, pays himba, en Namibie.

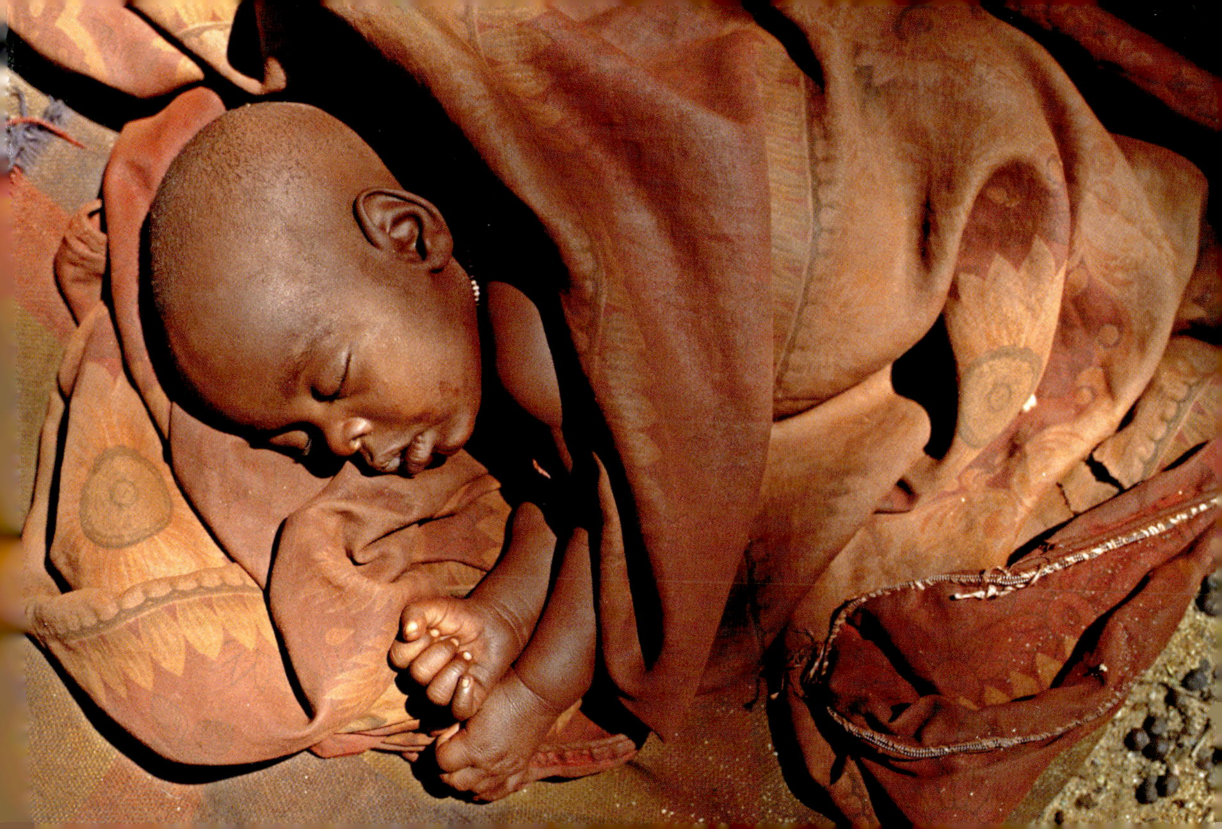

L'homme noir a la conviction de l'existence d'une Force, Puissance,
Source des Existences et motrice des actions et mouvements des êtres.
Seulement, pour lui cette Force n'est pas en dehors des créatures.
Elle est en chaque être. Elle lui donne la vie et veille à son développement.

Alassane Ndaw

Paysage typique de la savane occidentale, au Mali.

L'être suprême a accompli sa Grande Œuvre de la Création,
en multipliant sa personne, sans en perdre rien.
Il a animé toutes les Choses d'Énergie.

Tradition bantoue

Le soleil se lève sur les terres d'Afrique du Sud.

Nous allons entreprendre un voyage dans un monde "souterrain",
le monde des significations cachées derrière l'apparence des choses,
le monde des symboles où tout est signifiant, où tout parle pour qui sait entendre.

Amadou Hampâté Bâ (1900-1991)

Dans l'enceinte de l'église haut perchée de Asheten Maryam, en Éthiopie.

Ô mon frère ! Apprends que chaque symbole a un, deux ou plusieurs sens.
Ces significations sont diurnes et nocturnes.
Les diurnes sont fastes et les nocturnes néfastes.

Amadou Hampâté Bâ (1900-1991)

Dans une taverne éthiopienne.

L'Univers n'est ni passif ni statique, mais un ensemble dynamique dont l'équilibre tient à l'opposition d'éléments contraires et jumelés.

Tradition bantoue

Deux villageois peuls du Mali sur leurs chameaux.

Délivré de sa condition terrestre l'ancêtre est pris en charge par le couple régénérateur. Le mâle le conduit au fond de la terre, dans les eaux matricielles de sa compagne.
Il se replie comme un fœtus, se réduit comme un germe,
atteignant la qualité d'eau, semence de Dieu, essence des deux génies.

Tradition dogon

Les chutes d'Epopa, à la frontière entre l'Angola et la Namibie.

Toute la morale est fondée sur cette conception :
ce qui est bon, c'est ce qui accroît la force vitale.
Ce qui est mauvais, c'est ce qui la diminue.
Il y a des actes qu'il ne faut pas commettre parce qu'ils la diminuent,
créent le désordre, détruisent tant l'ordre social qu'humain.

Alassane Ndaw

Sur le fleuve Niger, au Mali.

L'écriture est la photographie du savoir mais elle n'est pas le savoir lui-même.
Le savoir est une lumière qui est en l'homme.
Il est l'héritage de tout ce que les ancêtres ont pu connaître et qu'ils nous ont transmis en germe,
tout comme le baobab est contenu en puissance dans sa graine.

Amadou Hampâté Bâ (1900-1991)

Les peintures rupestres du massif de l'Ennedi, au Tchad.

Il faut se souvenir que la non-visibilité, la non-palpabilité et la non-sensibilité d'une chose ne sont pas pour autant des preuves absolues de sa non-existence.

Tierno Bokar (1875-1939)

Ombre d'une statue bambara du Mali.

Le rituel permet non de "répéter" de façon stérile une gestuelle immuable, mais de perpétuellement recommencer, la même chose certes, mais indéfiniment nouvelle.

Françoise Héritier

Thé du matin chez les Bochimans, en Namibie.

Manger ensemble avec les mains dans une même assiette établit un trait de communion, pacte de paix entre les individus.

Dr Raymond Johnson

Repas de fête pour une tribu nomade peule.

Le respect porté aux autres rejaillit sur soi,
si l'on nie le sacré dans l'autre, on nie le sacré en soi.

Dr Raymond Johnson

Ousman, en prière, dans le désert de l'Ennedi, au Tchad.

ENTRER DANS L'EXISTENCE

L'homme naît, grandit, évolue,
se réalise seulement au sein d'un ensemble qui l'enrichit,
et qu'il doit enrichir aussi.
Hors de cette idée, hors de cette logique, il n'est pas d'homme.

Seydou Badian Kouyaté

Dans une école de brousse, au Tchad.

OMP

Ainsi l'homme naît à une vie nouvelle, qui sera sienne jusqu'à la vieillesse.
Ainsi, il est « appelé » à devenir le point d'équilibre où pourront se confondre,
à travers lui, les diverses dimensions dont il est porteur.
Alors il méritera vraiment le nom d'Homme, interlocuteur de l'Éternel
et garant de l'équilibre de la création.

Amadou Hampâté Bâ (1900-1991)

Un prêtre éthiopien, un dimanche.

Ne me pose pas de question, maintenant. Nombreux sont les mystères de ce monde. Tout ce que tu vois devant tes yeux est une bénédiction.

Éfua Theodora Sutherland

Daouda, enfant dogon, au Mali.

Il y a d'abord les demi-dieux ou génies.
Viennent ensuite les ancêtres primordiaux, mythiques,
puis les ancêtres ordinaires, puis les hommes vivants, par ordre de primogéniture,
puis les animaux, végétaux et minéraux.

Alassane Ndaw

Le point d'eau de Choudop, en Namibie.

C'est bien avant sa naissance que l'enfant,
sous la forme de son "âme pré-existante",
est pris en charge par toute une lignée d'ancêtres,
jusqu'au placenta, à la "Mère primordiale",
qui a commencé de l'informer.

Alassane Ndaw

À l'ombre d'un auvent de bambous, Burkina Faso.

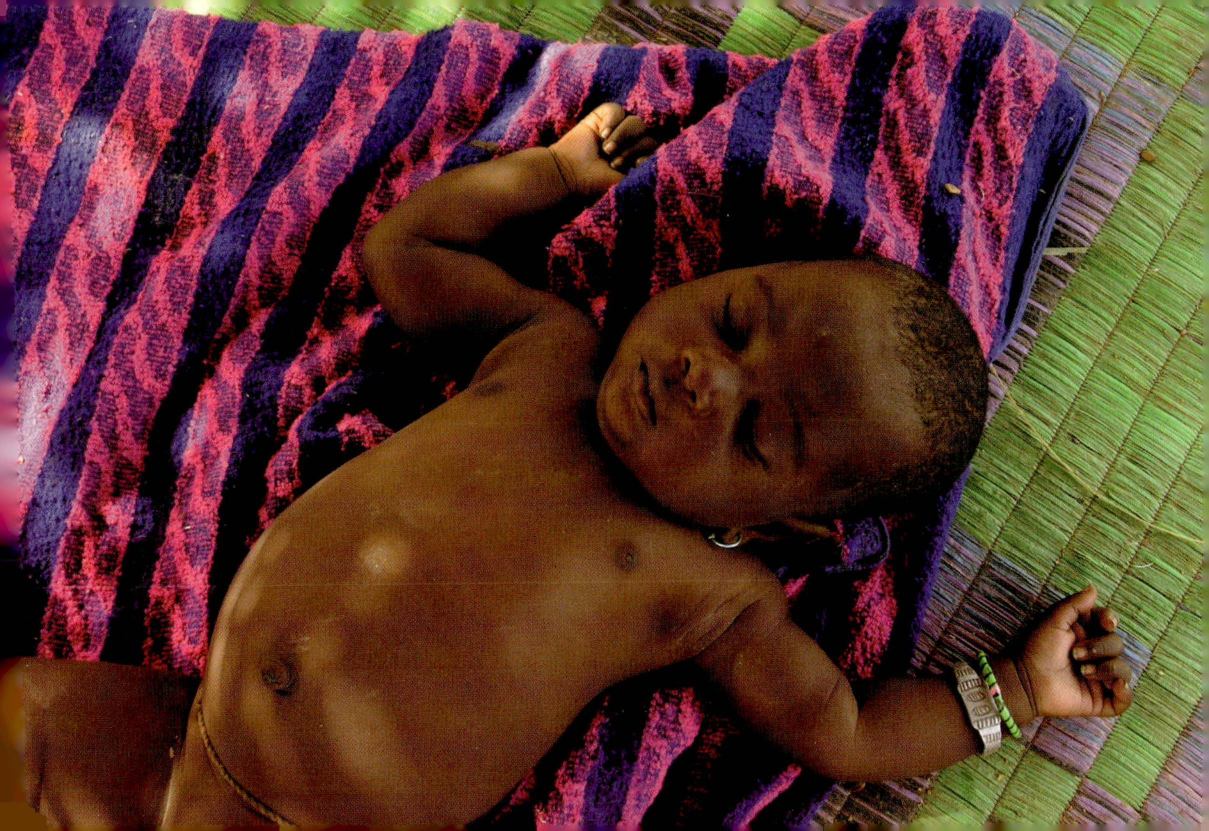

Que puis-je sans les autres hommes :
en arrivant ici-bas j'étais dans leurs mains,
en m'en allant d'ici je serai dans leurs mains ?

Tradition malinké

Deux jeunes amis dogons, au Mali.

Je suis un maillon de la chaîne des hommes qui doit transmettre à mes descendants la vie que moi-même j'ai reçue de mes parents et qui ne m'appartient pas.

Dr. Raymond Jonhson

Enfants bochimans, à l'école de Mangetti Dunes, en Namibie.

Si la branche veut fleurir, qu'elle honore ses racines.

Frédéric Pacere Titinga

Racines d'arbre Bahia, au Sénégal.

Il s'agit, à chaque étape, de mourir à soi pour renaître dans l'Autre :
dans l'enfant, l'adolescent, l'adulte, le vieillard, l'Ancêtre, et Dieu.
De renaître plus savant, plus fort, plus beau, plus heureux parce que plus être.

Alassane Ndaw

Kakitu, jeune Himba, en Namibie.

L'enfant est comme une pirogue ;
si tu en tailles une, un jour, elle te fera passer l'eau.

Tradition warega

Sur le fleuve Niger, au Mali.

La nature éveillée fait la révérence à son maître,
ce dispensateur de la clarté aux hommes,
radieux illuminateur sur terre de tout vivant.

Irénée Guilane Dioh

Rentrée des pêcheurs sur le fleuve Niger, au Mali.

Les ombres marchent, les animaux marchent sur la terre qui marche, pourquoi je ne marcherais pas, moi ?

Amadou Hampâté Bâ (1900-1991)

Lete, jeune Éthiopienne.

L'enseignement pratique se développe grâce aux cérémonies rituelles,
où l'art se crée, se réalise et réalise, en même temps, la personne dans sa plénitude.

Alassane Ndaw

Aux abords du lac Tchad, au Tchad.

Initié par son créateur, l'homme transmit plus tard à sa descendance
la somme totale de ses connaissances.
Ce fut le début de la grande chaîne de transmission orale initiatique.

Amadou Hampâté Bâ (1900-1991)

Fête de mariage au Tchad.

MAÎTRISE DE SOI

S'INITIER

Il faut, si on le peut, saisir le sens de ce que l'on récite.
Si cela n'est pas possible, écouter avec attention de manière
à distinguer le son de ce que l'on récite.

Tierno Bokar (1875-1939)

Dikore, fillette peule, 7 ans, au Burkina Faso.

PRINTS

Écoute plus souvent
Les choses que les êtres.
La voix du feu s'entend.
Entends la voix de l'eau.
Écoute dans le vent.
Le buisson en sanglots.
C'est le souffle des ancêtres.

Birago Diop

Un berger d'Éthiopie veille sur ses moutons.

Tout ce que nous voyons n'est qu'une ombre projetée
par les choses que nous ne voyons pas.

Martin Luther King (1929-1968)

Au point d'eau d'Okaukuejo, à Etosha, en Namibie.

Notre siècle est l'un des plus terrifiants.
Les sages de tous les temps ont souhaité ne pas être d'une pareille époque
qui est celle durant laquelle : le Bien n'est pas séduisant, le Mal n'est pas repoussant,
la Vérité n'a pas d'effet, le Mensonge n'a point de méfaits.
Le contemporain vit dans la peine et dans l'inquiétude.

Tierno Bokar (1875-1939)

Masque bamoun du Cameroun.

Si tu regardes ton enfant, tu verras ses questions avant de les entendre.

Tradition sérère

Amadou, 11 ans, au Mali.

L'enfant apprend à danser, porté sur le dos de la mère avant de commencer à marcher.
Le contact entre lui et son entourage, sa mère, sa sœur, ses frères et même ses grands-parents lui révèle très tôt son propre corps comme instrument de dialogue.

Dr Raymond Johnson

Makarukasa, jeune mère himba, en Namibie.

Quand on ne sait pas où l'on va, qu'on sache d'où l'on vient.

Tradition sérère

Retour au village sur les hauts plateaux d'Éthiopie.

La zone des sables c'est le pays de l'initiation.
Si nul ne vous y guide, vous vous y enlisez.
S'enliser, c'est tomber dans les pièges qui parsèment la voie.
On prend pour le but ce qui n'est qu'un leurre.
On se croit arrivé alors que l'on n'est qu'enlisé.
D'où la nécessité d'un guide sûr.

Amadou Hampâté Bâ (1900-1991)

Sossusvlei, les dunes de Namibie.

La mer, lorsqu'elle est furieuse, est l'image des passions et des émotions qui agitent notre monde intérieur et qu'il faut apprendre à connaître d'abord, à maîtriser ensuite. C'est le monde des montées grisantes suivies de chutes vertigineuses. Faute d'un guide ou d'un moyen de traversée sûrs, on s'expose à de graves dangers.

Amadou Hampâté Bâ (1900-1991)

Les eaux froides de la côte ouest, en Namibie.

Les rites ont pour objectif essentiel de rendre l'individu apte à entrer dans la vie d'adulte, en l'initiant non seulement aux réalités physiologiques, mais à celles de la vie sociale et du monde. Réalités qu'il doit non seulement connaître, mais être capable d'affronter. Et comme ces réalités sont dures, pesantes, souvent angoissantes, voire cruelles, les rites d'initiation doivent être tout cela.

Alassane Ndaw

La danse des chasseurs, en pays dogon, au Mali.

Que l'on vous demande d'être courageux face à l'insupportable vous rend fort pour le reste de votre existence.

Nelson Mandela (né en 1918)

Sur les bords du lac Tchad, au Tchad.

Le désespoir ou la peur neutralisent l'homme dans son action et le perturbent.
C'est pour cela que dans l'initiation il y a toujours une épreuve de courage.
C'est un exercice de volonté, un combat sur soi-même.

Amadou Hampâté Bâ (1900-1991)

Frayeur d'enfant à Kinisserom, au lac Tchad, au Tchad.

Le pouvoir est comparé à un œuf : si tu le serres trop fort, il se casse entre tes mains ;
si tu ne le tiens pas suffisamment ferme, il peut glisser de ta main et se casser aussi.
Il faut exercer le pouvoir ni avec trop de sévérité ni avec trop de laisser-aller.
C'est une image profonde qui compare le pouvoir à quelque chose de très précieux
comme l'œuf qui porte un germe : la vie.
Et, effectivement, celui qui est au pouvoir détient la vie des gens.

Joseph Ki-Zerbo (1922-2006)

Le geste protecteur, au Sénégal.

Serons-nous des extrémistes pour la haine ou pour l'amour ?
Serons-nous des extrémistes pour la conservation de l'injustice
ou pour l'expression de la justice ?
Peut-être que les États du Sud,
la nation et le monde ont un besoin tragique d'extrémistes créateurs.

Martin Luther King (1929-1968)

Fétiche dan de Côte d'Ivoire.

Une injustice commise quelque part est une menace pour la justice dans le monde entier.

Martin Luther King (1929-1968)

Au puits d'Al Ebel, au Tchad.

LE SAUT DANS UN ORDRE NOUVEAU

Puisse ton action avoir un effet comparable à celui de la graine de baobab.

Tradition peule

Wondiwo, jeune Himba de 10 ans, en Namibie.

Tu verras dans le temple de ton ciel un visage de lumière,
ton visage, mon frère, ma sœur, étincelant parmi la poussière d'étoiles humaines.
Tu es une étoile. Ne l'oublie pas. Lève les yeux !

Irénée Guilane Dioh

Samba, 12 ans, au Mali.

Percevons en tout geste une création qui nous exprime.

Tradition africaine

Idrissa Guindo, jeune Dogon, au Mali.

Pour engager le combat quotidien contre soi-même et vaincre,
il faut un projet fort, une ambition forte, une passion forte.
Un bon moyen de s'en sortir est le défi, lancé à soi-même et au monde :
"Avec mes propres moyens, loin des chemins par vous tracés, je réussirai.
Malgré les embûches, malgré les traquenards, je réussirai."

Irénée Guilane Dioh

Chasse d'un jeune Bochiman, en Namibie.

L'initiation extérieure, c'est l'"ouverture des yeux",
c'est-à-dire tout l'enseignement qui est donné au cours des cérémonies traditionnelles
ou des périodes de retraite qui les suivent.
Mais cet enseignement, il faudra ensuite le vivre, l'assimiler, le faire fructifier
en y ajoutant ses observations personnelles, sa compréhension, son expérience.

Amadou Hampâté Bâ (1900-1991)

Amadi, 8 ans, au Mali.

Mais moi, Titinga je sais que l'homme a beau être grand,
il ne peut être plus haut que sa coiffure.

Pacere Frédéric Titinga

Borko, du village dogon d'Indelou, au Mali.

Je parie qu'au lieu de te trouver ridicule toi-même,
tu crois que c'est moi qui le suis ?

Amadou Hampâté Bâ (1900-1991)

Au puits d'Orupembe, en Namibie.

L'homme vraiment fort et dont le Moi est structuré
sent bien que nul être ne peut se suffire à soi-même,
que chacun de nous a besoin de l'autre
pour devenir un maillon de la chaîne universelle.

Dr Raymond Johnson

Célébration du Timkat, en Éthiopie.

Qui veut vivre, qui veut demeurer soi-même, doit se compromettre.

Cheikh Hamidou Kane (né en 1928)

Retour des pêcheurs, au Sénégal.

Le clou soutient le fer,
le fer soutient le cheval,
le cheval soutient l'homme,
l'homme soutient le monde.

Tradition malinké

Aïssa, jeune Malienne.

L'homme doit être la finalité de tout développement.

Ébénézer Njoh-Mouelle

Le nouveau-né, au Burkina Faso.

Si tu vois des fauves s'attaquer à un homme, ne dis pas :
"Laissez cet homme", mais : "Laissez-nous."
Si tu vois des rapaces en train de dévorer le cadavre d'un homme ne dis pas :
"Laissez ce cadavre d'homme", mais : "laissez-nous",
car tous les hommes sont solidaires.
C'est presque un texte de commandement, une sommation, une référence éthique.

Tradition bambara

Les cornes creuses des vaches Kori leur permettent de rejoindre, en flottant, les ilôts d'herbe du lac Tchad.

L'idée de base, c'est de distribuer le pouvoir au maximum
pour que chacun en ait un morceau et se sente partie prenante.
C'est cela qui a permis à ces systèmes de traverser les siècles pendant aussi longtemps.

Joseph Ki-Zerbo (1922-2006)

Liesse populaire, en Éthiopie.

Faites-moi rebelle à toute vanité mais docile à son génie comme le poing à l'allongée du bras.

Faites-moi dépositaire de son ressentiment.

Faites de moi un homme de terminaison.

Faites de moi un homme d'initiation.

Faites-moi l'exécuteur de ces oeuvres hautes.

Voici le temps de se ceindre les reins comme un vaillant homme.

Aimé Césaire (1913-2008)

Mamadou, athlète sénégalais.

MAÎTRISE DU CŒUR
&
DE LA RELATION

ALLIANCE DES ÂMES

On ne peut pas peindre du blanc sur du blanc, du noir sur du noir.
Chacun a besoin de l'autre pour se révéler.

Manu Dibango

Dans les dunes de Sossusvlei, en Namibie.

Pourquoi privilégier la parole ?
Sa fonction est l'évocation du souffle de l'Être Suprême, de son omni-pouvoir.
Elle est le véhicule idéal du divin, de l'énergie cosmique.

Alassane Ndaw

Serigne, jeune Sénégalais.

Deux amis sont comme des coquillages ; ils ne cessent leur murmure.

Tradition swahili

Addida et sa petite sœur bergère, au Tchad.

Je ne suis rien sans lui.
S'il fait un faux pas et trébuche,
Je trébuche avec lui, si je ne peux le retenir.

Chant rituel du Mali

L'heure du repas, Mangetti Dunes, en Namibie.

Comme dans la vie, les contraires coexistent partout :
dans l'organisation sociale et la vie affective, les échanges entre individus.
Vivre et réaliser la contradiction, voilà l'essentiel.

Alassane Ndaw

Jour de fête au Sénégal.

Entre les deux genres qui constituent la nature humaine et, par conséquent, la société humaine, il se manifeste une relation fondée essentiellement sur l'altérité.

Albertine Tshibilondi Ngoyi

Dans une taverne d'Éthiopie.

Mais, qu'est-ce que la culture après tout, sinon une série d'actes de communication.

Barnabé Laye

Sur la falaise de Bandiagara, les femmes pilent le mil, au Mali.

Grâce au verbe, l'homme reçoit la force vitale,
y fait participer d'autres êtres et accomplit de la sorte le sens de la vie.

Tradition dogon

Maidigue Kassogue, le chef dogon du village d'Indelou, au Mali.

C'est parce que les poètes noirs ont chanté leur chant d'amour à partir de l'intérieur qu'il a pu résonner dans le monde entier et inspirer d'autres chants de libération.

Manthia Diawara

Le djembé rythme toutes les fêtes du Sénégal.

*L'infinité des déités et des esprits invisibles, telles des molécules,
protège les hommes dans leur village bâtissant ainsi la paix et l'unité.*

Tradition africaine

Statue bambara du Mali.

C'est l'homme qui est le remède de l'homme.

Proverbe wolof

À l'école de Mangetti Dunes, en pays bochiman, en Namibie.

La relation à autrui est la base de tout développement.

Jacques Nanéma

Fête de mariage au Tchad.

Un homme seul n'est entouré que de vide.

Éfua Theodora Sutherland

En attendant le retour des pêcheurs, au Sénégal.

Dans les sociétés africaines, le vrai pauvre est l'individu sans descendance : l'esprit de famille et le principe de réciprocité pallient les contraintes économiques à travers le réseau des relations sociales.

Jean-Marc Éla

Retour de marché à Gorom Gorom, au Burkina Faso.

Un homme sans culture ressemble à un zèbre sans rayures.

Proverbe massaï

Dans le parc d'Etosha, en Namibie.

L'argent est bien, mais l'homme est meilleur, parce qu'il répond quand on l'appelle.

Tradition de l'Afrique de l'Ouest

Retour des pêcheurs, au lac Tchad, au Tchad.

Nous ne demandons pas d'avoir plus d'argent mais d'avoir plus de parents.

Chinua Achebe (né en 1930)

Peinture murale d'une maison de la région de Tiebele, au Burkina Faso.

La vérité n'est point ce que j'ai.

Elle n'est point ce que tu as.

Elle est ce qui nous unit dans la souffrance, dans la joie.

Elle est fille de notre union, dans la douleur et le plaisir enfantée.

Ni toi ni moi. Et toi et moi.

Notre œuvre commune, émerveillement permanent.

Son nom est Sagesse.

Irénée Guilane Dioh

Les chutes d'Epopa, à la frontière de l'Angola et de la Namibie.

La vie était belle. L'on vieillissait avec le temps et jamais avant le temps. On dormait bien et s'amusait bien. On n'avait pas à courir après les aiguilles d'un cadran quelconque, encore moins à tout le temps sursauter à un coup de sirène. On prenait son temps pour jouir de tout : on ne se pressait point. La vie était là, devant soi, riche, généreuse. On avait une philosophie qui permettait de se comporter de la sorte. On se savait membre d'une communauté qui jamais ne devait s'éteindre...

Bernard B. Dadié (né en 1916)

Le retour du marché, au Mali.

Le dialogue véritable suppose la reconnaissance de l'autre
à la fois dans son identité et dans son altérité.

Alassane Ndaw

Coyambo, jeune Himba, en Namibie.

La parole est tout.
Elle coupe, écorche.
Elle modèle, module.
Elle perturbe, rend fou.
Elle guérit ou tue net.
Elle amplifie, abaisse selon sa charge.
Elle excite ou calme les âmes.

Tradition bambara

Le marché de Djenné, au Mali.

KIOS
AU COEUR DU

Chaque mot, chaque être vient frapper à ta porte, t'apportant son énigme.
Si tu es disponible, il t'inondera de sa richesse.

Irénée Guilane Dioh

Dalila, jeune Angolaise.

À tous les niveaux, l'Africain est avant tout un être social.
Toutes les étapes de la vie sont marquées par des réunions sous l'arbre à palabre où chacun a non seulement la liberté d'expression mais l'obligation de s'exprimer.

Joseph Ki-Zerbo (1922-2006)

Conseil de village chez les Bochimans, en Namibie.

Les mots ont une vertu essentielle.
Quand ils sont vrais, sensés et sincères, ils soignent les "cœurs qui pleurent".
Ils servent à régler les conflits entre maris et femmes, parents et enfants,
frères et sœurs, à entreprendre et à mener à bien les initiatives communautaires
et à atténuer les souffrances. Les mots sont sacrés.

Aminata Traoré

Maidigue Kassogue, chef de village dogon, conseille un villageois, au Mali.

Chacun doit se prononcer sur les problèmes mis sur le tapis.
Les plus anciens ou les plus autorisés prennent la parole en dernier lieu pour faire une synthèse.
Ils choisissent la décision la meilleure, la plus conforme s'impose à tous.

Joseph Ki-Zerbo (1922-2006)

Amadou, le marabout de Songho, au Mali.

Une de nos armes les plus puissantes est le dialogue.

Nelson Mandela (né en 1918)

Ultimes marchandages à Djenné, au Mali.

Conserve le cœur froid et demeure patient, car à vouloir tout mener au galop, on enterre les vivants, et la rapidité de la langue nous jette dans de mauvais pas d'où l'agilité des pieds ne peut nous retirer.

Ahmadou Kourouma (1927-2003)

Une jeune étudiante révise ses cours, au Burkina Faso.

Le véritable dialogue suppose la reconnaissance d'une certaine égalité morale de toutes les parties concernées. En ce sens, le dialogue présuppose le respect de "l'autre". Ce respect fait défaut aussi bien dans les têtes que dans les cœurs de certains partenaires en discussion.

Kwasi Wiredu

Rencontre sur les hauts plateaux d'Éthiopie.

L'HOMME CIVILISÉ

En Afrique, quand un vieillard meurt, c'est une bibliothèque qui brûle.

Amadou Hampâté Bâ (1900-1991)

Dans sa hutte, une très vieille femme himba, en Namibie.

L'homme de culture doit être un inventeur d'âmes.

Aimé Césaire (1913-2008)

À l'école élémentaire du village haut perché de Yemrehanna Krestos, en Éthiopie.

ሐ
ለ
ወ
አ

Rien n'est vraiment une distraction simple.
Le profane n'existe pas.
Tout est religieux, tout a un but, tout a un motif.
Le hasard n'existe pas.
Il y a seulement des "lois de coïncidence" dont nous ignorons le mécanisme,
un ordre supérieur que nous ne comprenons pas.

Tradition africaine

Le retour des troupeaux, au Mali.

Aucun de nous ne s'est élevé à la seule force de son poignet.
Nous sommes arrivés parce que quelqu'un s'est baissé pour nous aider.

Thurgood Marshall

Dans les ruelles d'un village dogon, au Dogon.

Lorsque le tisserand lève son pied, l'autre s'abaisse.
Lorsque le mouvement cesse et que l'un des pieds s'arrête, le tissu ne se fait plus.
Ses mains lancent la navette qui passe de l'une à l'autre ;
mais aucune main ne peut espérer la garder.
À l'instar des gestes du tisserand, c'est l'union des contraires qui tisse notre vie.

Amadou Hampâté Bâ (1900-1991)

Tisserand dogon et sa petite fille, au Mali.

Sans l'essor de l'esprit, nous ne sommes rien.
Et cette quête-là qui élève l'homme au-dessus de l'homme
est la seule qui honore l'humanité.

Irénée Guilane Dioh

Salamanta, jeune bergère peule, au Burkina Faso.

C'est par la spiritualité, par les œuvres de l'esprit, par l'art plus que par les prouesses économiques qu'une communauté montre son éminence, sa noblesse.

Jacques Nanéma

Femmes peules, au Burkina Faso.

Qu'est-ce donc que la vérité ?
C'est cet équilibre fragile qui naît du choc des antagonismes.
C'est la blanche écume des vagues.
C'est le parfum, synthèse de tous les ingrédients qui mijotent dans la marmite.
La vérité n'est point monolithique.
Elle est enrichissement réciproque dans le respect des contraires.

Irénée Guilane Dioh

Les dunes de Sossusvlei, en Namibie.

L'homme revit à travers ses enfants, les arbres qu'il a plantés, les paroles qu'il a prononcées.

Tradition massongo

Habiza, mère de 10 enfants, au Mali.

Se perdre dans la danse verbale, au rythme du tam-tam, pour se retrouver dans le Cosmos...

Léopold Sédar Senghor (1906-2001)

Au retour du puits, les Himbas manifestent leur joie, en Namibie.

Le groupe est la réalité, le souverain bien, le refuge, la citadelle sans laquelle l'individu serait en péril. L'homme se meut, évolue, se réalise au sein du groupe. Le refus absolu – refus rupture – est une hérésie. Il est désagrégateur du groupe, il fragilise l'individu, le condamne, c'est un suicide.

Seydou Badian Kouyat

Le fils du forgeron, pays dogon, au Mali.

Sois tangeant entre le droit et le devoir.
Si tu n'apprenais que le droit
Tu serais corrompu
Si tu n'apprenais que le devoir sans le droit
Tu serais avili.
Lève-toi avec le soleil
Et couche-toi avec lui
Car il est régulier...

Bouna Boukary Diouara

Retour de pêche sur le lac Tchad.

Si tu es un bon chasseur, ne reste jamais à la maison.
Entraîne-toi, cherche les traces des animaux, regarde leur direction, quand ils sont passés,
d'ou vient le vent, où te déplacer, où l'herbe est haute pour te cacher.
Alors tu seras un très bon chasseur.
Alors tu te marieras bien et tu rendras ta famille heureuse.

Un vieux Bochiman

Ngau, jeune chasseur bochiman, en Namibie.

Le corps de l'homme est bien petit par rapport à l'esprit qui l'habite.

Tradition africaine

Sur les chemins reliant les villages des hauts plateaux éthiopiens.

Dans la forêt quand les branches se querellent, les racines s'embrassent.

Tradition de l'Afrique de l'Ouest

La corvée d'eau, en Éthiopie.

Pour être dans l'eau, le poisson est-il moins libre que l'oiseau dans les airs ?

Cheikh Hamidou Kane (né en 1928)

Le parc d'Etosha, en Namibie.

Soleil, lune, étoiles.
Au ciel il y a beaucoup d'étoiles ;
il y a des tribus entières, hommes, femmes, enfants,
depuis longtemps devenus étoiles.

Prière du peuple xam

Frontispice d'une mosquée d'un village du Tchad.

C'est la terre qui est finalement propriétaire de l'homme.

Tradition mossi

Au point d'eau d'Okaukuejo, à Etosha, en Namibie.

Si tu manges le fruit d'un grand arbre, n'oublie pas de remercier le vent.

Proverbe bariba, Bénin

Le retour des pêcheurs au Sénégal.

ATMA

L'être a d'abord été minéral, végétal puis animal.
Cet être hybride réunit les trois règnes.
Le couronnement c'est l'homme.
Il signifie l'unité.

Tradition africaine

Un fidèle d'Éthiopie en prière à Gondar.

Le termite ronge la racine,
la poule avale le termite,
l'homme mange la poule,
le fauve mange l'homme.
La terre, patiente, attend.

Amadou Hampâté Bâ (1900-1991)

Les dunes de Sossusvlei, en Namibie.

Tout ce qui vit a une âme.

Tradition africaine

Les éléphants blancs de Namibie, au point d'eau de Neubrowni.

L'Éternel enseigna à l'homme, son interlocuteur, les lois d'après lesquelles tous les éléments du cosmos furent formés et continuent d'exister.
Il l'instaura Gardien et Gérant de son univers et le chargea de veiller au maintien de l'Harmonie universelle.
C'est pourquoi il est lourd d'être Homme.

Cosmogonie mandé, par Amadou Hampâté Bâ (1900-1991)

Daouda, 10 ans, au Mali.

Partager ! Voilà le mot-clé. Le mot essentiel !

Ken Bugul

Un jour de bonne pêche, au Nigeria.

La relation à autrui est le véritable socle de l'existence. L'Autre est incontournable. La place de l'Autre, avec qui on a toujours appris à vivre dans sa communauté, est si importante que l'on pourrait se demander si le sacré est cette relation à l'Autre ou s'il est l'Autre tout simplement. Mais le sacré est surtout la relation à l'Autre dans ce qu'il a d'identique à soi, c'est-à-dire son esprit. On vénère en lui, à travers notre esprit, ce que nous avons de commun et qui finalement nous relie tous.

Dr Raymond Johnson

Daouda, 10 ans, au Mali.

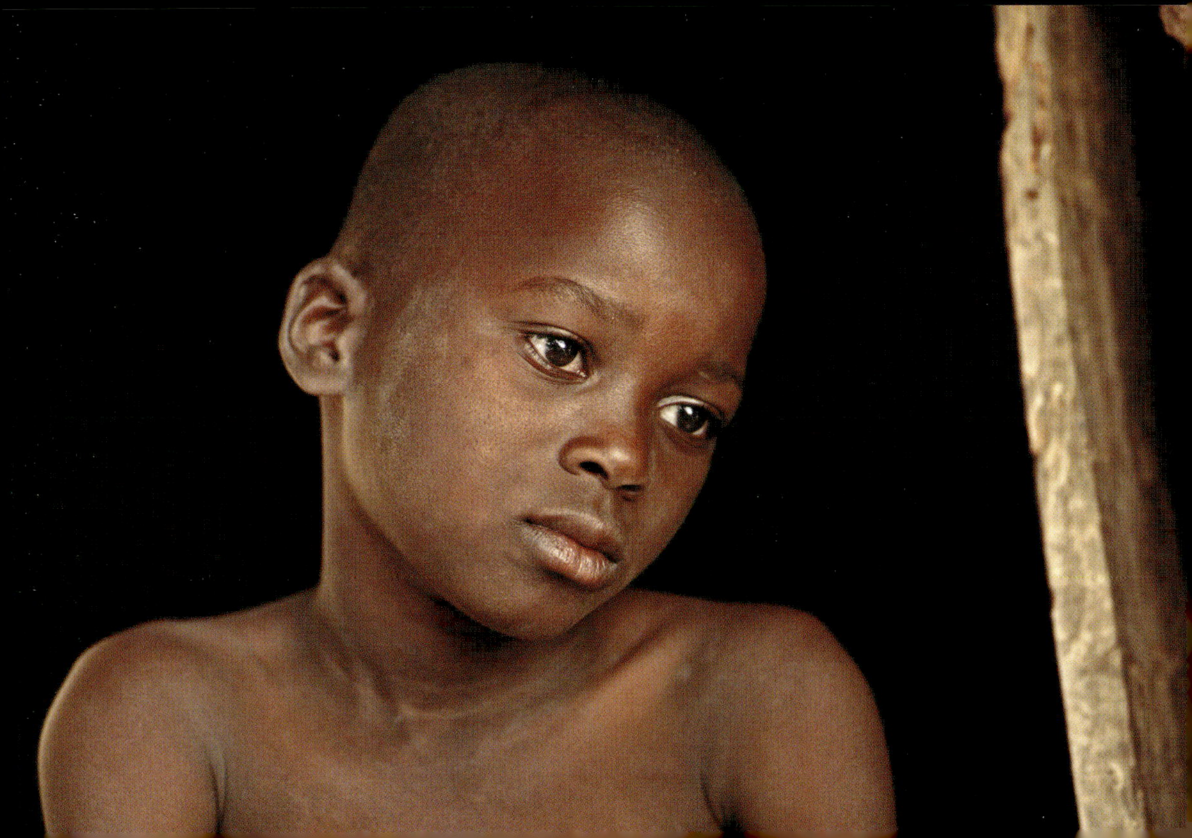

La mansuétude est l'ornement de l'homme au grand cœur.
Il sait la mesure de ses propres limites.
Il sait que partout où l'enfant s'efforce à marcher, il est près de faillir.
Que la chute est sœur de l'ascension. Que la tension est jumelle de la détente.
Qu'il faut que l'homme soit aimé tel qu'il est et non point tel qu'on voudrait qu'il soit.
Bonté de l'homme au grand cœur, jamais désabusé,
toujours en extase devant le miracle de la vie.

Irénée Guilane Dioh

Laece Isse, en Namibie, est un vieux Boschiman qui a un air d'ancien combattant et semble vivre sa deuxième vie.

Si tu es riche mais point généreux, c'est comme si tu n'avais rien.

Tradition bassar

Au marché de Djenné, au Mali.

Et j'étais sans paroles devant l'énigme d'or de ton sourire.
Un crépuscule bref tomba sur ton visage, un caprice divin.

Léopold Sédar Senghor (1906-2001)

Karamata, jeune Himba, en Namibie.

Accepter sa mort est le summum de la voie initiatique.
L'initié accepte de mourir pour que les autres vivent.
C'est peut-être la plus grande forme de charité.
L'homme doit savoir parfois imiter la graine qui accepte de mourir pour que la plante pousse.

Amadou Hampâté Bâ (1900-1991)

Le masque dogon Tourterail qui transmet les nouvelles, au Mali.

Que les dieux, les masques et les statues nous gardent réunis ;
que nos enfants grandissent, fiers, autosuffisants et généreux envers le reste du monde.

Manthia Diawara

Moussa N'diaye, danseur sénégalais.

ÉLAN VITAL

L'être humain a la maîtrise de la parole,
c'est donc à lui qu'il incombe de diriger la force vitale.

Tradition africaine

Bate, jeune Malien.

La culture est la possibilité même de créer,
de renouveler et de partager des valeurs,
le souffle qui accroît la vitalité de l'humanité.
Il s'agit là de spiritualité dont l'État n'a pas toujours le souci.

Jacques Nanéma

Vent de sable au Tchad.

Quel enchantement, quand, ressuscitant du sommeil profond,
on ouvre la maison aux bruits du monde !
Comme l'air du matin est bienfaisant, qui vous caresse les sens et vous envahit tout partout !
Et l'on se surprend à l'humer, à l'aimer.
Quels délices dans la respiration qui recrée et vivifie !
Enfantement toujours nouveau de l'homme qui engendre et s'engendre à l'infini,
à chaque nouvelle respiration.

Irénée Guilane Dioh

Dans un marché du Mali.

Un jour viendra où tu devras, toi aussi,
partager ta connaissance des choses et des hommes.
Témoin singulier d'un événement unique à toi seul révélé, en une langue encore inédite,
tu diras à tes frères l'indicible sagesse de ton cœur.

Irénée Guilane Dioh

Sous la hutte d'une famille de chercheurs d'or, au Burkina Faso.

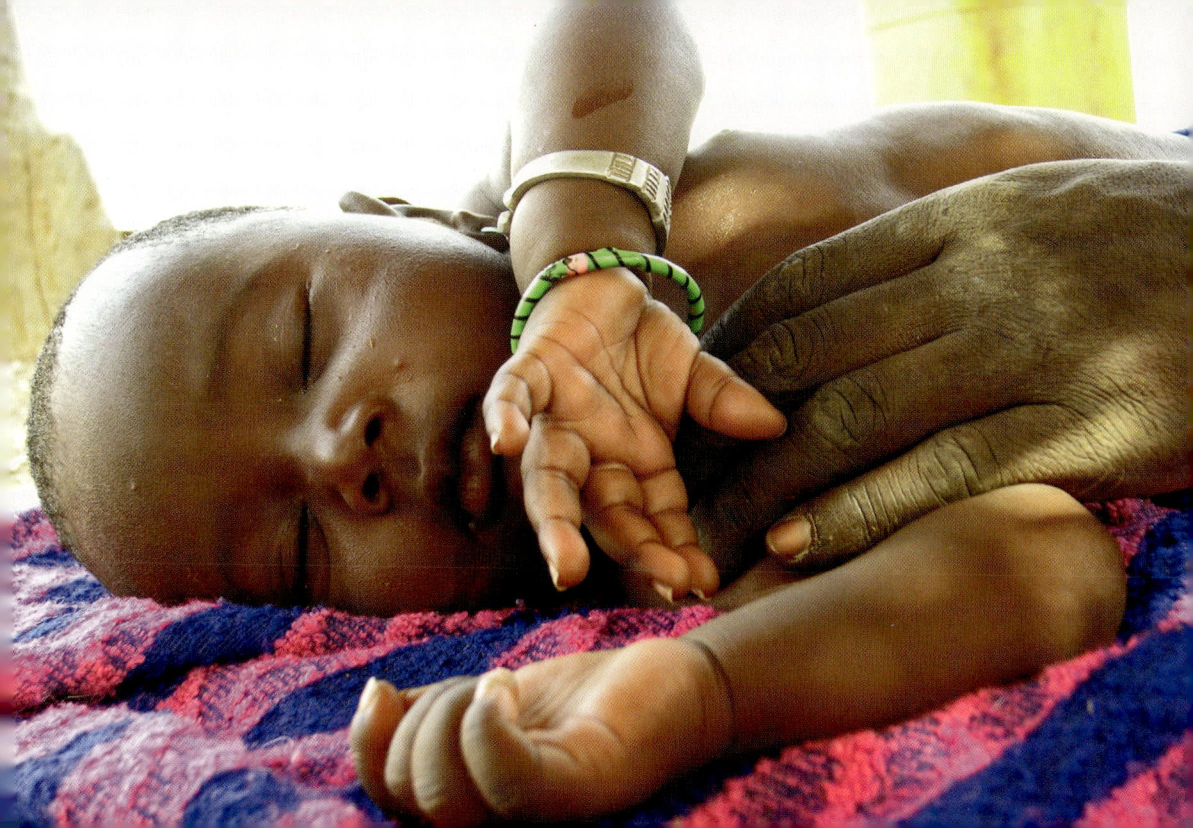

Les meilleures graines et nos champs les plus chers, ce sont nos enfants.

Cheikh Hamidou Kane (né en 1928)

Repos après le travail du puits, chez les Himbas, en Namibie.

La poésie ne doit pas périr. Car alors, où serait l'espoir du Monde ?

Léopold Sédar Senghor (1906-2001)

Crépuscule sur les hauts plateaux d'Éthiopie.

Le forgeron et ses outils s'unissent pour travailler le fer,
L'homme s'unit à la femme pour procréer l'enfant,
L'eau du ciel et la terre s'unissent pour produire les êtres,
et les deux pieds alternent pour créer la marche.

Amadou Hampâté Bâ (1900-1991)

Retour des champs en pays dogon, au Mali.

La parole est pour tous en ce monde, il faut l'échanger.
Qu'elle aille et vienne, car il est bon de donner et de recevoir les forces de vie.

Tradition dogon

Karamata, jeune Himba, en Namibie.

Les chants, les danses, les rythmes sont l'étape finale vibratoire et de vie.
Cette étape est l'ordonnance rythmique qui participe à l'organisation cyclique du monde.
Maîtresse du mouvement vital, la danse appelle la pluie, l'amour, la fertilité.
Elle est à l'union des contraires et symbolise la création, l'apaisement,
la conservation, la destruction ou la réintégration.
Elle charme même les animaux sauvages les plus redoutables et permet la descente de la grâce.
Elle permet la libération des limites matérielles et spirituelles.

Cheikh Oumar Bâ

Rencontre imprévue, en Namibie.

Je rends hommage au levant, au Zénith, au couchant !
Aux Esprits d'Afrique et du monde !
Que nos mains et nos cœurs se rapprochent.
Pour que, reliés au passé, cela nous prolonge vers l'avenir.

Prière rituelle d'Afrique de l'Ouest

Danse au son des djembés, au Sénégal.

Ce que nous jouons, c'est la vie.

Louis Armstrong

Une troupe de danseurs s'entraîne sur une plage du Sénégal.

Bibliographie

ACHEBE (CHINUA), *Le monde s'effondre,* Paris, © Présence Africaine, 1966.

ALTERNATIVES SUD, *Pour une pensée africaine émancipatrice, points de vue du Sud,* Paris, © L'Harmattan, 2004.

ARMSTRONG (LOUIS), citations extraites du site Internet www.evene.fr

BÂ (AMADOU HAMPÂTÉ),
Aspects de la civilisation africaine, Paris, © Présence Africaine, 2000.
Contes initiatiques peuls, Paris, © Éditions Stock, 1994.
Vie et enseignement de Tierno Bokar : le sage de Bandiagara, Paris, © Éditions du Seuil, 1980.

BÂ (OUMAR), *Odes sahéliennes*, Paris, © La Pensée Universelle, 1978.

BADIAN (SEYDOU), DADIÉ (BERNARD B.) et **GRIAULE (Marcel),** *Littérature africaine, l'engagement,* Dakar, © Nouvelles Éditions Africaines du Sénégal.

BUGUL (KEN), *De l'autre côté du regard,* Paris, © Le Serpent à Plumes, 2003.

DADIÉ (BERNARD B.), *Légendes africaines*, Paris, © Éditions Seghers, 1966.

DIAWARA (MANTHIA), *En quête d'Afrique*, Paris, © Présence Africaine, 2001.

DIOH (IRÉNÉE GUILANE), *Éphémérides* (mars-juin 1995), Nice, © Éditions Fasal, 1998.

DIOP (BIRAGO), *Leurres et lueurs,* Paris, © Présence Africaine, 1960.

DISSAKÈ(EMMANUEL MALOLO, sous la dir. de), *L'Aspiration à être,* autour du philosophe Ébénézer Njoh-Mouelle Chennevières-sur-Marne, © Éditions Dianoïa, 2002.

FOURCHE (TIARKO) et MORLIGHEM (HENRI), *Une Bible noire, cosmogonie bantu,* Paris, © Les Deux Océans, 2002.

GRIAULE (MARCEL), *Dieu d'eau, entretiens avec Ogotemmêli,* Paris, © Librairie Arthème Fayard, 1966.

JOHNSON (RAYMOND), *Propos sur les pères et mères d'Afrique « Regard d'un psychiatre noir »,* Paris, © Éditions de Santé, 2001.

KANE (CHEIKH HAMIDOU), *L'Aventure ambiguë,* Paris, © Éditions Juillard, 1961.

KESTELOOT (LILYAN), *Anthologie négro-africaine, panorama critique des prosateurs, poètes et dramaturges noirs du XXe siècle, Vanves,* © Édicef, 1992.

KING (MARTIN LUTHER), citations extraites du site Internet www.evene.fr.

KI-ZERBO (JOSEPH), *À quand l'Afrique ?* Entretien avec René Holenstein, La Tour-d'Aigues, © Éditions de l'Aube, 2003.

KOUROUMA (AHMADOU), *Les Soleils des indépendances,* Paris, © Éditions du Seuil, 1970.

MANDELA (NELSON),
In the Words of Nelson Mandela. © Jennifer Crwys-Williams édition, 2004.
Citation extraite du site Internet *www.evene.fr.*

MARSHALL (THURGOOD), citation extraite du site Internet *www.evene.fr.*

NDAW (ALASSANE), *La Pensée africaine : Recherches sur les fondements de la pensée négro-africaine,* Dakar, © NEAS, 1997.

PÉRUCHON (MARION), *Rites de vie, rites de mort,* Paris, © ESF éditeur, 1997.

PRÉVOST (LILIANE) et LAYE (BARNABÉ), *Guide de la sagesse africaine,* Paris, © L'Harmattan 1999.

SENGHOR (LÉOPOLD SÉDAR), *Œuvre poétique,* Paris, © Éditions du Seuil, 1964, 1973, 1979 ,1984 et 1990.

TRAORÉ (AMINATA), *Le Viol de l'imaginaire,* Paris, © Librairie Arthème Fayard, 2002.

WATSON (STEPHEN), *Le Chant des Bushmen / Xam,* Paris, © Karthala, 2000.

Index des auteurs

Auteurs

Traditions

Ce livre est tiré de l'ouvrage Origines, 365 pensées de sages africains
paru en 2005 dans la collection « Sagesses de l'Humanité »

Créée par Danielle & Olivier Föllmi, la collection « Sagesses de l'Humanité » est composée de sept volumes aujourd'hui proposés dans une version revue et abrégée.

Chaque volume nous fait découvrir un nouvel espace culturel et spirituel et nous invite à suivre d'autres sentiers, à dépasser nos idées et systèmes de pensées, pour une meilleure compréhension de soi et du monde.

Sept livres à méditer, disponibles en version intégrale, permettent d'approfondir chaque culture :

- *Offrandes, 365 pensées de maîtres bouddhistes*
- *Sagesses, 365 pensées de maîtres de l'Inde*
- *Origines, 365 pensées de sages africains*
- *Révélations, 365 pensées d'Amérique latine*
- *Éveils, 365 pensées de sages d'Asie*
- *Souffles, 365 pensées de sages d'Orient*
- *Espoirs, 365 clés de la pensée occidentale*

Connectez-vous sur www.editionsdelamartiniere.fr

www.sagesses.com, www.follmispirit.com

Achevé d'imprimer en juillet 2012
sur les presses de l'imprimerie Tien Wah Press LTD
ISBN . 978-2-7324-5322-4
Dépôt légal : août 2012
Imprimé à Singapour